CATALOGUE

D'UNE BELLE COLLECTION

DE

TABLEAUX

ANCIENS & MODERNES

DES

Écoles Italienne, Flamande & Française

DONT LA VENTE AUX ENCHÈRES PUBLIQUES AURA LIEU

HOTEL DES VENTES, RUE DROUOT, 5

GRANDE SALLE N° 7

Le Vendredi 23 Mai 1862

UNE HEURE DE RELEVÉE, LA VACATION ÉTANT CHARGÉE

Par le ministère de Mᵉ **DELBERGUE-CORMONT**, Cʳᵉ-Priseur,
demeurant à Paris, rue de Provence, 8,
Et de Mᵉ **AUGUSTE LANGOIT**, son Collègue,
demeurant à Paris, rue de Choiseul, 5,
Assistés de : 1° **M. JULES THÉRET**, Expert, demeurant à Paris,
rue de Buffault, 13,
Et de : 2° **M. DHIOS**, Expert, rue Le Peletier, 33,
Chez lesquels se délivre le Catalogue.

EXPOSITION PUBLIQUE

Le Jeudi 22 Mai 1862, de une heure à cinq heures.

PARIS
RENOU & MAULDE
IMPRIMEURS DE LA COMPAGNIE DES COMMISSAIRES-PRISEURS
Rue de Rivoli, 144.

1862

CATALOGUE

D'UNE BELLE COLLECTION

DE

TABLEAUX

ANCIENS & MODERNES

DES

Écoles Italienne, Flamande & Française

DONT LA VENTE AUX ENCHÈRES PUBLIQUES AURA LIEU

HOTEL DES VENTES, RUE DROUOT, 5

GRANDE SALLE N° 7

Le Vendredi 23 Mai 1862

UNE HEURE DE RELEVÉE, LA VACATION ÉTANT CHARGÉE

Par le ministère de **Me DELBERGUE-CORMONT,** Cre-Priseur,
demeurant à Paris, rue de Provence, 8,
Et de **Me Auguste LANGOIT,** son Collègue,
demeurant à Paris, rue de Choiseul, 5,
Assistés de : 1° **M. Jules THÉRET,** Expert, demeurant à Paris,
rue de Buffault, 13,
Et de : 2° **M. DHIOS,** Expert, rue Le Peletier, 33,
Chez lesquels se délivre le Catalogue.

EXPOSITION PUBLIQUE

Le Jeudi 22 Mai 1862, de une heure à cinq heures.

PARIS

RENOU & MAULDE

IMPRIMEURS DE LA COMPAGNIE DES COMMISSAIRES-PRISEURS

144, rue de Rivoli.

1862

CONDITIONS DE LA VENTE

Elle sera faite au comptant.

Les Acquéreurs paieront CINQ POUR CENT en sus des enchères applicables aux frais.

DÉSIGNATION

DES

TABLEAUX

HUET (J.-B.)

1 — Bergère gardant ses bestiaux.

ÉCOLE FRANÇAISE.

2 — Bacchus et Ariane.

ÉCOLE ITALIENNE.

3 — La Cène.

LARGILLIÈRE.

4 — Portrait de jeune femme.

RESTOUT

5 — Sujet biblique.

BOUCHER.

6 — Nymphe au bain.

CANOT.

7 — Intérieur de famille.

ÉCOLE FRANÇAISE.

8 — Portrait d'un peintre.

TUOUX.

9 — Jeune fille à la fenêtre.

LAGRENEE.

10 — Vénus et l'Amour.

ÉCOLE ALLEMANDE

11 — Portrait de François II, empereur d'Autriche.

ÉCOLE ITALIENNE.

12 — Mercure faisant l'éducation de l'Amour.

SUBLEYRAS.

13 — Scène biblique.

VAN DE VELDE.

14 — Marine. Grisaille.

COYPEL

15 — Épisode de la vie de Don Quichotte.

GUIDO RENI

16 — Cléopâtre.

ROBERT

17 — Portrait d'artiste.

MIGNARD.

18 — Le grand Dauphin.

VANLOO.

19 — Portrait de Louis XV.

PAUL VÉRONÈSE (École de).

20 — Le Massacre des Innocents.

NUMA.

21 — Frétillon.

SCHALL.

22 — Scène de jalousie.

MIGNARD.

23 — Portrait de Mlle de Montpensier.

REGNAULT (Baron).

24 — Buste de jeune fille.

VANLOO.

25 — Le Sacrifice d'Iphigénie.

CHEVALIER MALTAIS.

26 — Nature morte.

VAN GOYEN.

27 — Marine. Vue de Dordrecht.

BOZE.

28 — Portrait de Louis XVI.

WATTEAU (École de).

29 — Embarquement pour Cythère.

SCHENAU.

30 — Jeune fille à la fenêtre.

BIBIANI.

31 — Sujet d'architecture, avec figures.

32 — Pendant du précédent.

BAPTISTE.

33 — Fleurs.

CIGNAROLI.

34 — Vue d'Italie ornée de figures.

DOMINIQUIN (d'après le).

35 — Renaud et Armide.

GILLOT.

36 — Fête champêtre.

DETROY.

37 — Mort d'un saint.

VAN DYCK.

38 — La Vierge et l'Enfant Jésus.

ROOS DE TIVOLI.

39 — Paysage et animaux. Deux tableaux faisant pendant.

VOUET (Simon).

40 — Sainte Madeleine.

RAPHAEL (D'après).

41 — Fragment tiré du Mariage de Psyché.

DESHAYES.

42 — Le Sommeil de Vénus.

ÉCOLE ITALIENNE.

43 — Ulysse dans l'île de Calypso.

DETROY.

44 — La Toilette d'Arlequin.

POUSSIN (Attribué).

45 — La chaste Suzanne.

PROCACCINI.

46 — Saint Jean.

BAPTISTE.

47 — Vase avec fleurs.

DIETRICK.

48 — Énée sauvant son père.

CARESME.

49 — Dessus de porte. Bacchante.

DU MÊME.

50 — Pendant du précédent.

ÉCOLE ITALIENNE.

51 — Pose de la première pierre d'un monument.

VÉRONÈSE (Alexandre).

52 — Le Christ et les Apôtres.

ÉCOLE ITALIENNE.

53 — Vénus et Adonis.

ROMAIN (D'après Jules).

54 — Laissez venir à moi les petits enfants.

CARRACHE (École de).

55 — La Vierge et l'Enfant Jésus.

LEPRINCE (J.-B.).

56 — Le Baiser dérobé.

BIBIANI.

57 — Intérieur de palais.

DU MÊME.

58 — Grisailles. Dessus de portes. Quatre tableaux faisant pendant.

VANLOO (Louis-Michel).

59 — Portrait de Crébillon.

NETSCHER (Gaspard).

60 — Portrait de dame à l'entrée d'un parc

DIEPENBECK.

61 — Allégorie de l'hiver.

VÉRONÈSE (Alexandre).

62 — Sujet historique.

BOURGUIGNON.

63 — Bataille.

DROUET.

64 — Portrait de jeune seigneur.

PANINI.

65 — Le Christ devant Pilate.

DU MÊME.

66 — La Flagellation (Pendant du précédent.)

DANLOUX.

67 — Intérieur de famille.

GOLTIUS.

68 — Sainte Famille.

PARMESAN.

69 — La Sainte Vierge.

CORRÈGE (D'après).

70 — Le Mariage de sainte Catherine.

CARRACHE (École de).

71 — Vénus surprise par un satyre.

ÉCOLE BOLOGNAISE.

72 — Amours tendant leur arc. (Deux Tableaux faisant pendant.)

MÊME ÉCOLE.

73 — Sujet biblique.

PANINI.

74 — Monuments d'architecture avec figures.

TITIEN (D'après).

75 — Danaé.

ÉCOLE BOLOGNAISE.

76 — Agar dans le désert.

GUERCHIN.

77 — Alexandre et sa Maîtresse.

LE BASSAN.

78 — Allégorie.

GUERCHIN.

79 — Agar renvoyée par Abraham.

PROCACCINI.

80 — La Leçon de géographie.

ÉCOLE ITALIENNE.

81 — Saint Jean donnant le baptême.

ÉCOLE ITALIENNE.

82 — Éliézer offrant des présents à Rébecca.

ÉCOLE FRANÇAISE.

83 — Sujet de l'Histoire romaine.

GÉRARD DE LAIRESSE.

84 — Latone et ses enfants.

GÉRARD SAGHERS (dit le Jésuite d'Anvers).

85 — La Vierge immaculée entourée d'une guirlande de fleurs.

ÉCOLE FRANÇAISE.

86 — Le Repos de Diane.

NATTIER.

87 — Portrait d'une dame de la cour, représentée en Vénus.

OUDRY.

88 — Fleurs et Fruits.

LEPRINCE (J.-B.)

89 — L'Atelier du peintre. Sujet gravé.

VANLOO.

90 — Les petits Joueurs de boule.

ÉCOLE ITALIENNE.

91 — Éliezer offrant des présents à Rébecca.

PRIMATICE (École du).

92 — La Mort de Méléagre.

N. MAAS.

93 — Portrait de femme.

BIBIANI.

94 — Tableau d'architecture.

DU MÊME.

95 — Tableau d'architecture.

RICCI (SÉBASTIEN).

96 — Épisodes de la vie de Joseph.

ÉCOLE ITALIENNE

97 — Fête de village.

MÊME ÉCOLE.

98 — Fleurs et Architecture.

NAPOLITAIN (Philippe).

99 — Siége d'une ville.

LARGILLIÈRE.

100 — Portrait de femme tenant des fleurs.

101 — Sous ce numéro seront vendus 100 Tableaux, que le temps ne permet pas de cataloguer, et qui sont des Portraits de personnages des XVIe, XVIIe et XVIIIe siècles, esquisses, gravures, etc.

Renou et Maulde, imprimeurs de la Compagnie des Commissaires-Priseurs, rue de Rivoli, 144. 12324

1 fleuve Cassarde

[illegible] [illegible]

www.ingramcontent.com/pod-product-compliance
Lightning Source LLC
LaVergne TN
LVHW010019230826
846092LV00002B/895

* 9 7 8 2 3 2 9 5 3 7 5 5 9 *